Schule - la escuela 2
Reise - el viaje 5
Transport - el transporte 8
Stadt - la ciudad 10
Landschaft - el paisaje 14
Restaurant - el restaurante 17
Supermarkt - el supermercado 20
Getränke - las bebidas 22
Essen - la comida 23
Bauernhof - la granja 27
Haus - la casa 31
Wohnzimmer - la sala 33
Küche - la cocina 35
Badezimmer - el cuarto de baño 38
Kinderzimmer - la habitación de los niños 42
Kleidung - la ropa 44
Büro - la oficina 49
Wirtschaft - la economía 51
Berufe - los oficios 53
Werkzeuge - las herramientas 56
Musikinstrumente - los instrumentos musicales 57
Zoo - el zoo 59
Sport - los deportes 62
Aktivitäten - las actividades 63
Familie - la familia 67
Körper - el cuerpo 68
Krankenhaus - el hospital 72
Notfall - la urgencia 76
Erde - la tierra 77
Uhr - hora(s) 79
Woche - la semana 80
Jahr - el año 81
Formen - las formas 83
Farben - colores 84
Gegenteile - los opuestos 85
Zahlen - los números 88
Sprachen - los idiomas 90
wer / was / wie - quién / qué / cómo 91
wo - dónde 92

Impressum
Verlag: BABADADA GmbH, Nedderfeld 112 , 22529 Hamburg
Geschäftsführer / Verlagsleitung: Harald Hof
Druck: Books on Demand GmbH, In de Tarpen 42, 22848 Norderstedt

Imprint
Publisher: BABADADA GmbH, Nedderfeld 112 , 22529 Hamburg, Germany
Managing Director / Publishing direction: Harald Hof
Print: Books on Demand GmbH, In de Tarpen 42, 22848 Norderstedt, Germany

Schule
la escuela

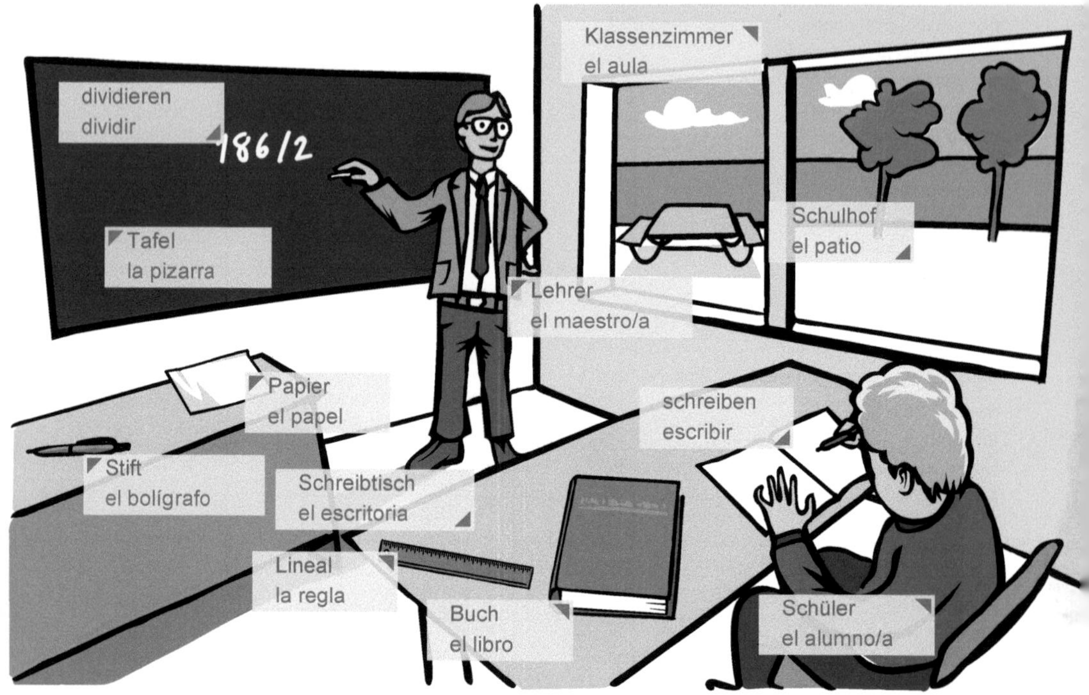

Klassenzimmer
el aula
dividieren
dividir
186/2
Tafel
la pizarra
Schulhof
el patio
Lehrer
el maestro/a
Papier
el papel
schreiben
escribir
Stift
el bolígrafo
Schreibtisch
el escritoria
Lineal
la regla
Buch
el libro
Schüler
el alumno/a

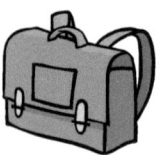

Ranzen
....
la cartera

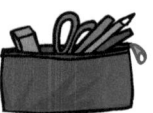

Federmappe
....
la caja de lápices

Bleistift
....
el lápiz

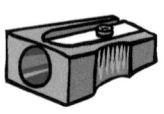

Bleistiftanspitzer
....
el sacapuntas

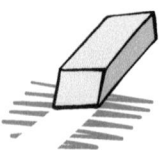

Radiergummi
....
la goma de borrar

Zeichenblock
....
el cuaderno de dibujo

Zeichnung

el dibujo

Pinsel

el pincel

Malkasten

la caja de pinturas

Schere

las tijeras

Klebstoff

el pegamento

Übungsheft

el cuaderno de ejercicios

Hausaufgabe

los deberes

Zahl

el número

addieren

sumar

subtrahieren

restar

multiplizieren

multiplicar

rechnen

calcular

Buchstabe

la letra

Alphabet

el alfabeto

Wort

la palabra

Text
....
el texto

lesen
....
leer

Kreide
....
la tiza

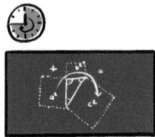

Stunde
....
la lección

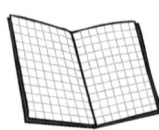

Klassenbuch
....
el cuaderno de notas

Prüfung
....
el examen

Zeugnis
....
el certificado

Schuluniform
....
el uniforme

Ausbildung
....
la educación

Lexikon
....
la enciclopedia

Universität
....
la universidad

Mikroskop
....
el microscopio

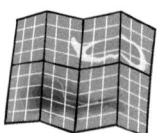

Karte
....
el mapa

Papierkorb
....
la papelera

Reise
el viaje

Hotel
el hotel
Grand
Herberge
el albergue
ROOMS
/echselstube
oficina de cambio de divisas
Koffer
la maleta
Auto
el coche

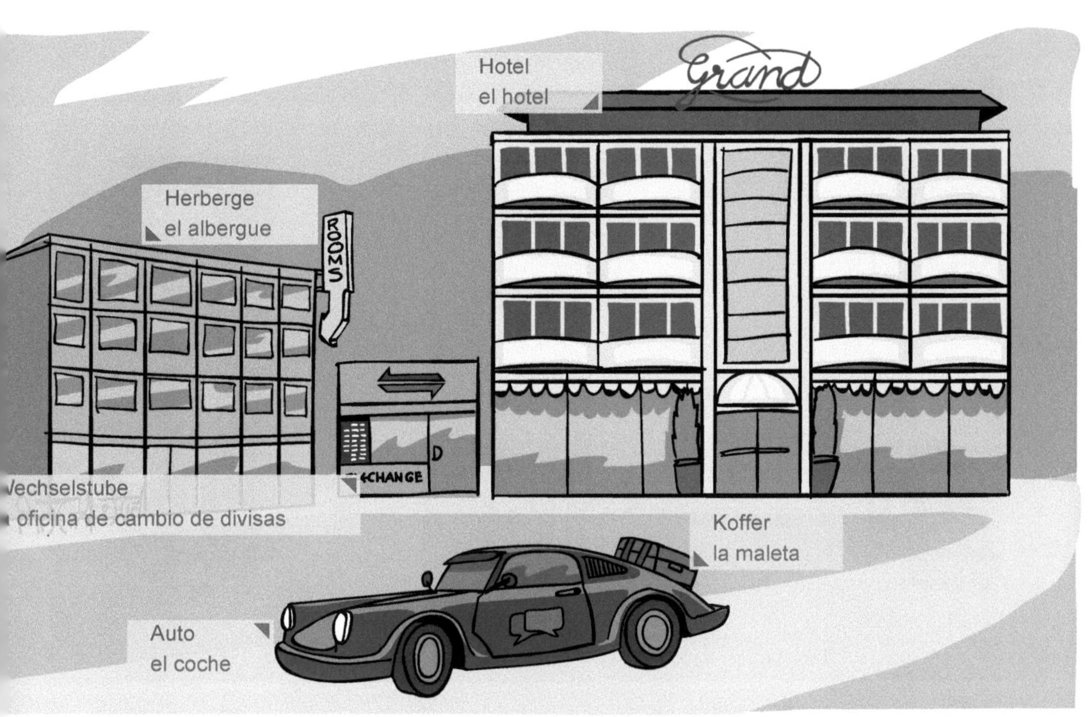

Sprache

el idioma

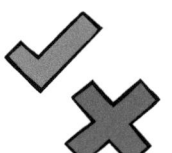

ja / nein

sí / no

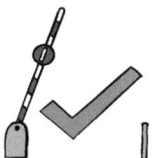

Okay

Vale

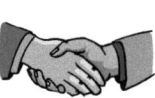

Hallo

hola

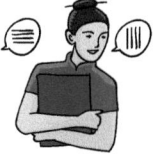

Übersetzer

el traductor

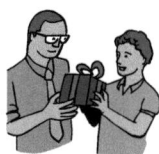

Danke

Gracias

Was kostet...?

¿cuánto es...?

Ich verstehe nicht

No entiendo

Problem

el problema

Guten Abend!

¡Buenas tardes!

Guten Morgen!

¡Buenos días!

Gute Nacht!

¡Buenas noches!

Auf Wiedersehen

adiós

Richtung

la dirección

Gepäck

el equipaje

Tasche

la bolsa

Rucksack

la mochila

Gast

el invitado

Zimmer

la habitación

Schlafsack

el saco de dormir

Zelt

la tienda de campaña

Touristeninformation

la información turística

Strand

la playa

Kreditkarte

la tarjeta de crédito

Frühstück

el desayuno

Mittagessen

el almuerzo

Abendessen

la cena

Fahrkarte

el billete

Fahrstuhl

el ascensor

Briefmarke

el sello

Grenze

la frontera

Zoll

la aduana

Botschaft

la embajada

Visum

la visa

Pass

el pasaporte

Transport
el transporte

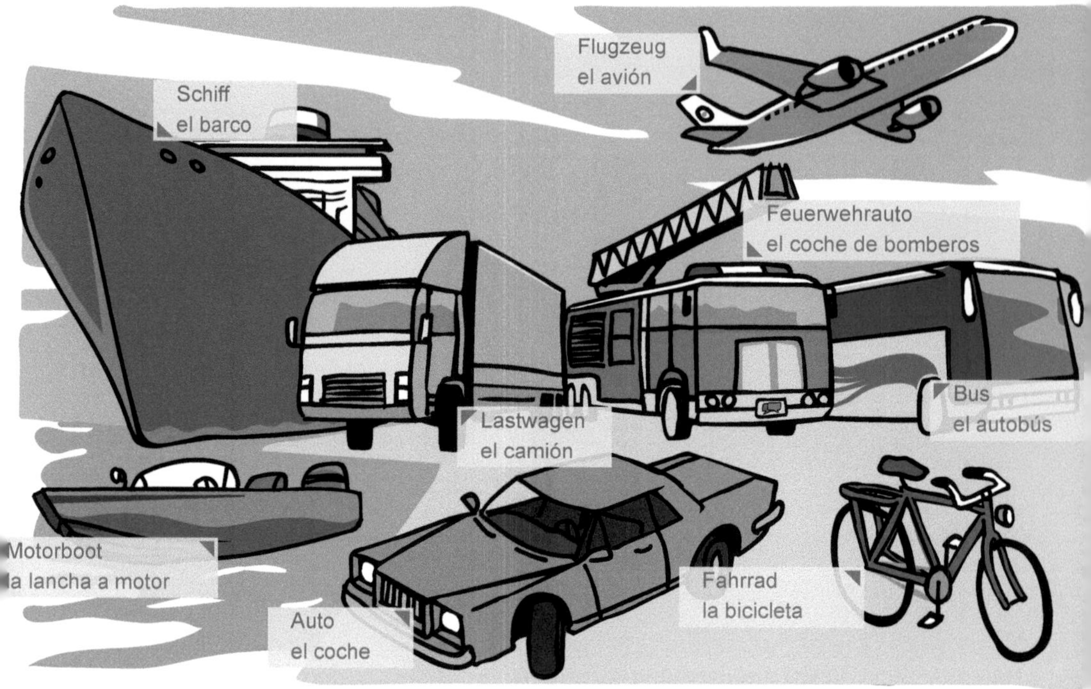
Flugzeug
el avión
Schiff
el barco
Feuerwehrauto
el coche de bomberos
Bus
el autobús
Lastwagen
el camión
Motorboot
la lancha a motor
Fahrrad
la bicicleta
Auto
el coche

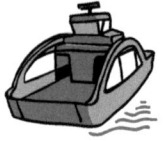

Fähre

el transbordador

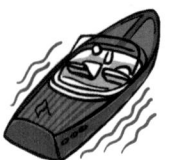

Boot

la barca

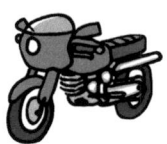

Motorrad

la moto

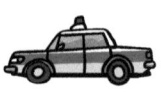

Polizeiauto

el coche de policía

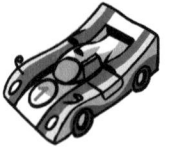

Rennauto

el coche de carreras

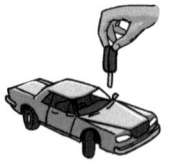

Mietwagen

el coche de alquiler

Carsharing

el préstamo de vehículos

Abschleppwagen

la grúa

Müllauto

el camión de la basura

Motor

el motor

Kraftstoff

la gasolina

Tankstelle

la gasolinera

Verkehrsschild

la señal de tráfico

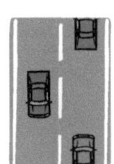

Verkehr

el tráfico

Stau

el atasco

Parkplatz

el aparcamiento

Bahnhof

la estación de tren

Schienen

las vías

Zug

el tren

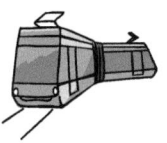

Straßenbahn

el tranvía

Wagon

el vagón

Helikopter
el helicóptero

Flughafen
el aeropuerto

Tower
la torre

Passagier
el pasajero

Container
el contenedor

Karton
la caja de cartón

Karren
la carretilla

Korb
la cesta

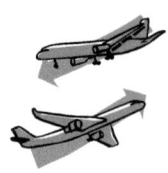

starten / landen
despegar / aterrizar

Stadt
la ciudad

Dorf
el pueblo

Stadtzentrum
el centro de la ciudad

Haus
la casa

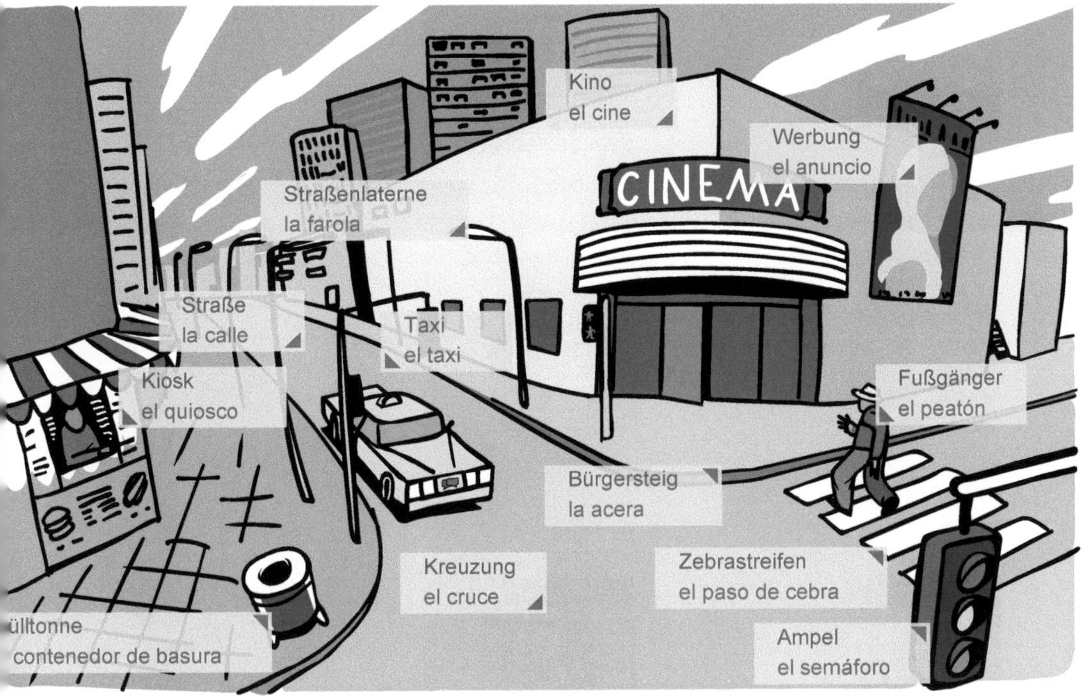

Kino
el cine

Werbung
el anuncio

Straßenlaterne
la farola

CINEMA

Straße
la calle

Taxi
el taxi

Fußgänger
el peatón

Kiosk
el quiosco

Bürgersteig
la acera

Kreuzung
el cruce

Zebrastreifen
el paso de cebra

Mülltonne
contenedor de basura

Ampel
el semáforo

Hütte
la cabaña

Wohnung
el apartamento

Bahnhof
la estación de tren

Rathaus
el ayuntamiento

Museum
el museo

Schule
la escuela

Universität

la universidad

Bank

el banco

Krankenhaus

el hospital

Hotel

el hotel

Apotheke

la farmacia

Büro

la oficina

Buchhandlung

la librería

Geschäft

la tienda de campaña

Blumenladen

la floristería

Supermarkt

el supermercado

Markt

el mercado

Kaufhaus

los grandes almacenes

Fischhändler

la pescadería

Einkaufszentrum

el centro comercial

Hafen

el puerto

Park
....
el parque

Bank
....
el banco

Brücke
....
el puente

Treppe
....
las escaleras

U-Bahn
....
el metro

Tunnel
....
el túnel

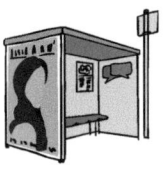

Bushaltestelle
....
la parada de autobús

Bar
....
el bar

Restaurant
....
el restaurante

Briefkasten
....
el buzón

Straßenschild
....
el poste indicador

Parkuhr
....
el parquímetro

Zoo
....
el zoo

Badeanstalt
....
la piscina

Moschee
....
la mezquita

Bauernhof
la granja

Umweltverschmutzung
la contaminación

Friedhof
el cementerio

Kirche
la iglesia

Spielplatz
el patio de juego

Tempel
el templo

Landschaft
el paisaje

Blatt
la hoja

Wegweiser
la señal

Weg
el camino

Wiese
el prado

Stein
la piedra

Baum
el árbol

Wanderer
el excursionista

Fluss
el río

Gras
la hierba

Blume
la flor

Tal

el valle

Berg

la colina

See

el lago

Wald

el bosque

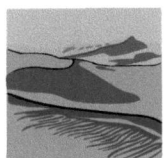

Wüste

el desierto

Vulkan

el volcán

Schloss

el castillo

Regenbogen

el arcoíris

Pilz

el champiñón

Palme

la palmera

Moskito

el mosquito

Fliege

la mosca

Ameise

la hormiga

Biene

la abeja

Spinne

la araña

Käfer

el escarabajo

Frosch

la rana

Eichhörnchen

la ardilla

Igel

el erizo

Hase

la liebre

Eule

la lechuza

Vogel

el pájaro

Schwan

el cisne

Wildschwein

el jabalí

Hirsch

el ciervo

Elch

el alce

Staudamm

la presa

Windrad

la turbina eólica

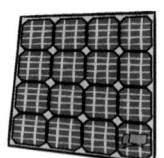

Solarmodul

el panel solar

Klima

el clima

Restaurant
el restaurante

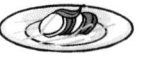

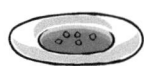

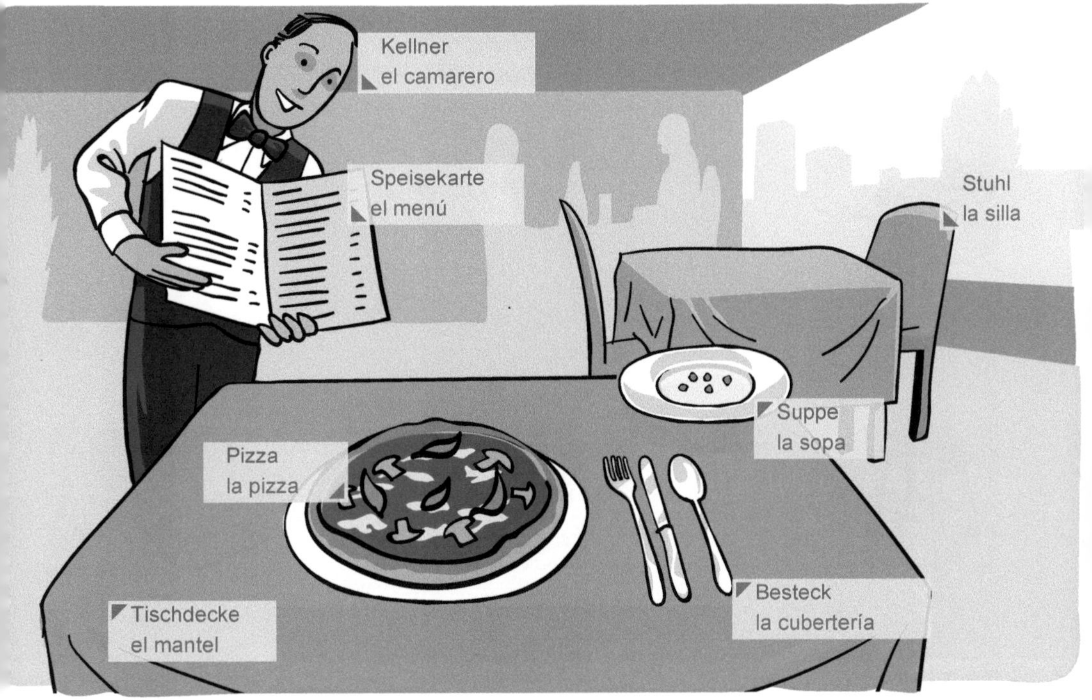

Kellner
el camarero
Speisekarte
el menú
Stuhl
la silla
Suppe
la sopa
Pizza
la pizza
Besteck
la cubertería
Tischdecke
el mantel

Vorspeise

el primer plato

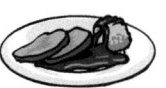

Hauptgericht

el plato principal

Nachspeise

el postre

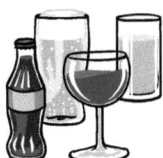

Getränke

las bebidas

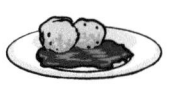

Essen

la comida

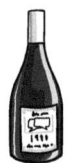

Flasche

la botella

Fastfood

la comida rápida

Streetfood

la comida callejera

Teekanne

la tetera

Zuckerdose

el azucarero

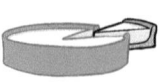

Portion

la porción

Espressomaschine

la cafetera expreso

Hochstuhl

la trona

Rechnung

la cuenta

Tablett

la bandeja

Messer

el cuchillo

Gabel

el tenedor

Löffel

la cuchara

Teelöffel

la cucharilla

Serviette

la servilleta

Glas

el vaso

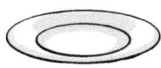

Teller

el plato

Suppenteller

el plato hondo

Untertasse

el platillo

Sauce

la salsa

Salzstreuer

el salero

Pfeffermühle

el molinillo de pimienta

Essig

el vinagre

Öl

el aceite

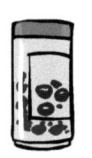

Gewürze

las especias

Ketchup

el ketchup

Senf

la mostaza

Mayonnaise

la mayonesa

Supermarkt

el supermercado

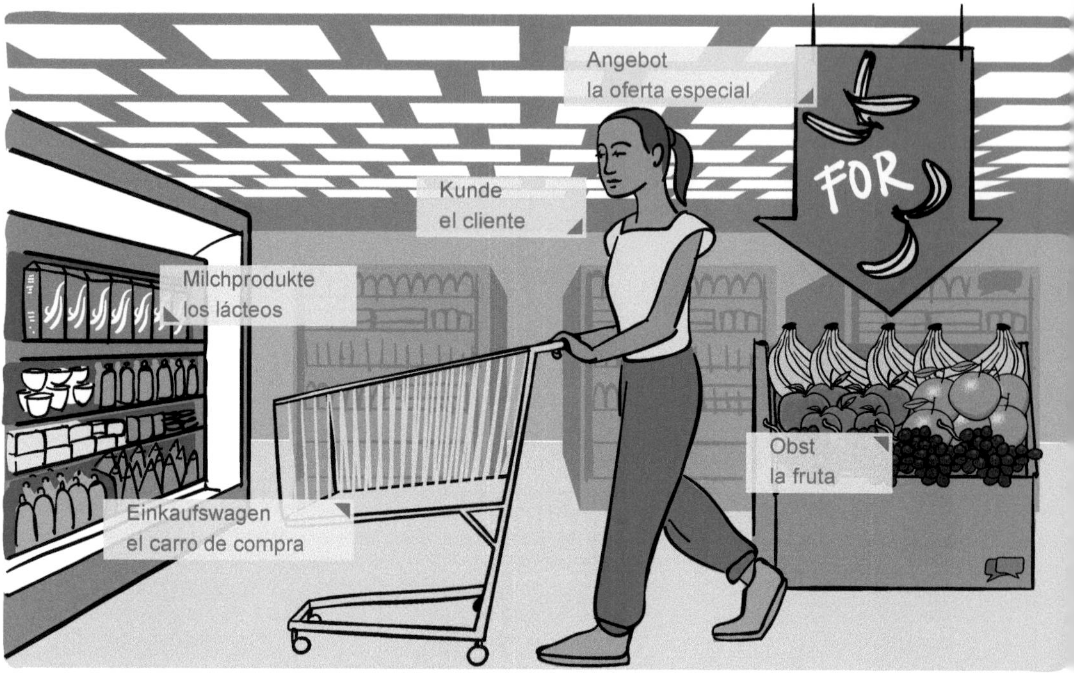

Angebot
la oferta especial
FOR
Kunde
el cliente
Milchprodukte
los lácteos
Obst
la fruta
Einkaufswagen
el carro de compra

BUTCHERS

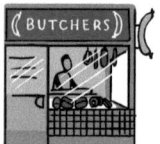

Schlachterei

la carniceria

BAKERY

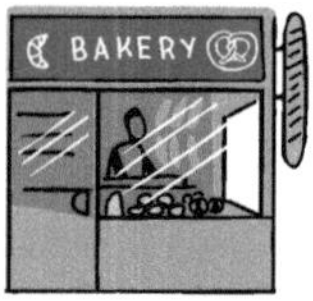

Bäckerei

la panadería

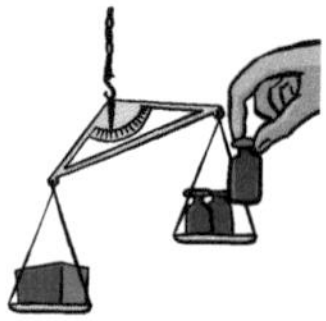

wiegen

pesar

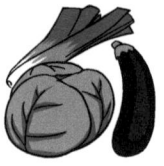

Gemüse

las verduras

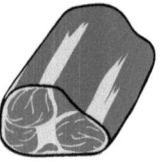

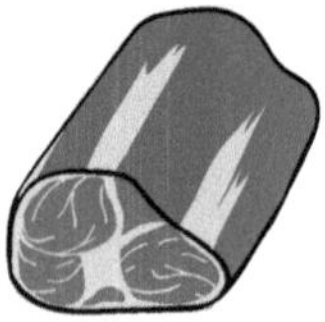

Fleisch

la carne

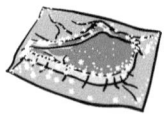

Tiefkühlkost

los alimentos congelados

Aufschnitt

los fiambres

Konserven

las conservas

Waschmittel

el detergente en polvo

Süßigkeiten

los dulces

Haushaltsartikel

productos de uso doméstico

Reinigungsmittel

productos de limpieza

Verkäuferin

la vendedora

Kasse

la caja de cartón

Kassierer

el cajero

Einkaufsliste

la lista de la compra

Öffnungszeiten

el horario de atención al público

Brieftasche

la cartera

Kreditkarte

la tarjeta de crédito

Tasche

la bolsa de plástico

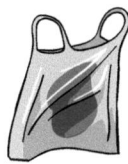

Plastiktüte

la bolsa de plástico

las bebidas

Wasser

el agua

Saft

el zumo

Milch

la leche

Cola

la cola

Wein

el vino

Bier

la cerveza

Alkohol

el alcohol

Kakao

el cacao

Tee

el té

Kaffee

el café

Espresso

el expreso

Cappuccino

el capuchino

Banane

el plátano

Apfel

la manzana

Orange

la naranja

Melone

el melón

Zitrone

el limón

Karotte

la zanahoria

Knoblauch

el ajo

Bambus

el bambú

Zwiebel

la cebolla

Pilz

el champiñón

Nüsse

las avellanas

Nudeln

los fideos

Spaghetti

las espagueti

Reis

el arroz

Salat

la ensalada

Pommes frites

las patatas fritas

Bratkartoffeln

las patatas fritas

Pizza

la pizza

Hamburger

la hamburguesa

Sandwich

el sándwich

Schnitzel

el filete

Schinken

el jamón

Salami

le salami

Wurst

la salchicha

Huhn

el pollo

Braten

el asado

Fisch

el pescado

Haferflocken

los copos de avena

Müsli

el muesli

Cornflakes

los copos de maíz

Mehl

la harina

Croissant

el cruasán

Brötchen

el panecillo

Brot

el pan

Toast

la tostada

Kekse

las galletas

Butter

la mantequilla

Quark

la cuajada

Kuchen

el pastel

Ei

el huevo

Spiegelei

el huevo frito

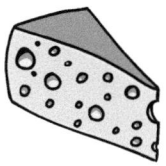

Käse

el queso

Eiscreme

el helado

Zucker

el azúcar

Honig

la miel

Marmelade

la mermelada

Nougat-Creme

la crema de turrón

Curry

el curry

Bauernhof
la granja

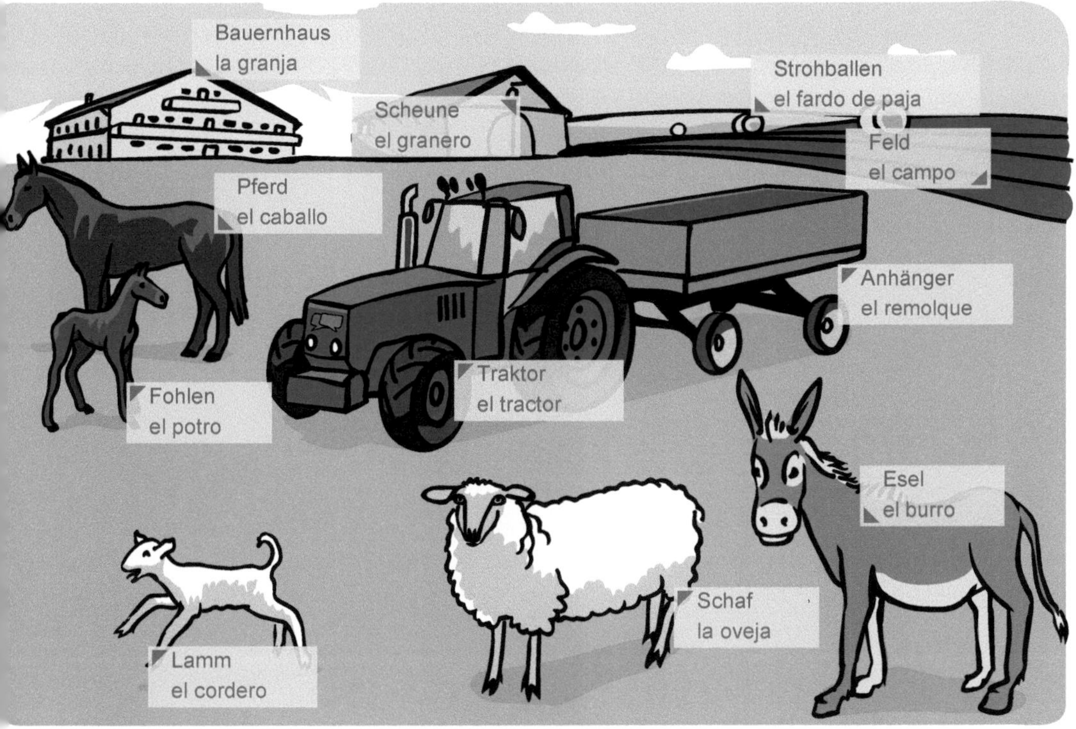
Bauernhaus
la granja
Scheune
el granero
Strohballen
el fardo de paja
Feld
el campo
Pferd
el caballo
Anhänger
el remolque
Traktor
el tractor
Fohlen
el potro
Esel
el burro
Schaf
la oveja
Lamm
el cordero

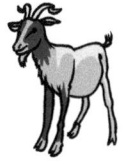

Ziege
....
la cabra

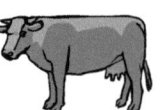

Kuh
....
la vaca

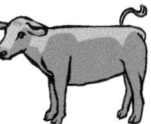

Kalb
....
el ternero

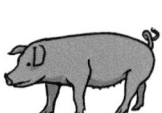

Schwein
....
el cerdo

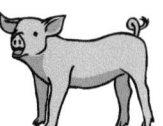

Ferkel
....
el cerdito

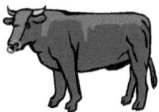

Bulle
....
el toro

Gans

el ganso

Ente

el pato

Küken

el pollo

Huhn

la gallina

Hahn

el gallo

Ratte

la rata

Katze

el gato

Maus

el ratón

Ochse

el buey

Hund

el perro

Hundehütte

la perrera

Gartenschlauch

la manguera

Gießkanne

la regadera

Sense

la guadaña

Pflug

el arado

Sichel

la hoz

Hacke

la azada

Mistgabel

la horca

Axt

el hacha

Schubkarre

la carretilla

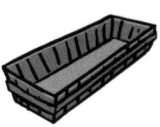

Trog

el abrevadero

Milchkanne

la lechera

Sack

el saco

Zaun

la valla

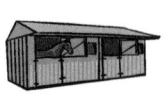

Stall

el establo

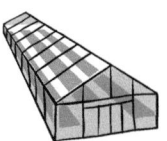

Treibhaus

el invernadero

Boden

el suelo

Saat

la semilla

Dünger

el fertilizador

Mähdrescher

la cosechadora

ernten

cosechar

Ernte

la cosecha

Yamswurzel

el ñame

Weizen

el trigo

Soja

el soja

Kartoffel

la patata

Mais

el maíz

Raps

la semilla de colza

Obstbaum

el árbol frutal

Maniok

la mandioca

Getreide

las cereales

Haus

la casa

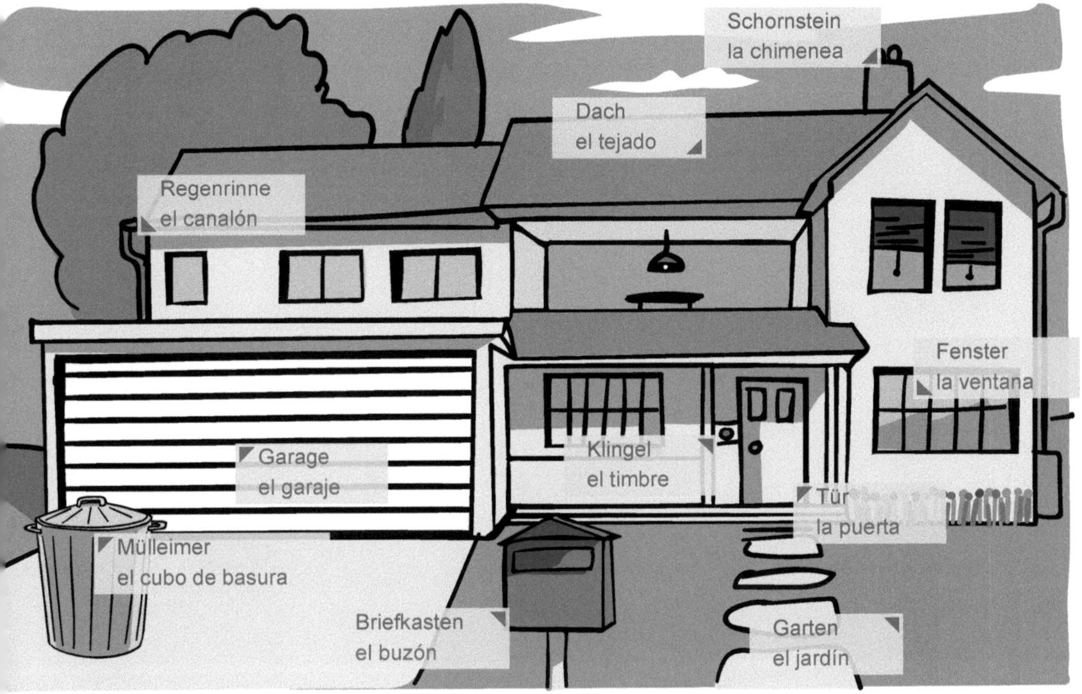
Schornstein
la chimenea
Dach
el tejado
Regenrinne
el canalón
Fenster
la ventana
Garage
el garaje
Klingel
el timbre
Tür
la puerta
Mülleimer
el cubo de basura
Briefkasten
el buzón
Garten
el jardín

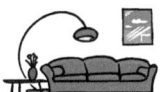

Wohnzimmer

la sala

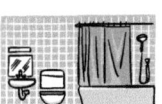

Badezimmer

el cuarto de baño

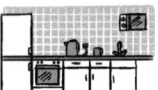

Küche

la cocina

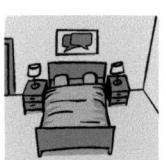

Schlafzimmer

el dormitorio

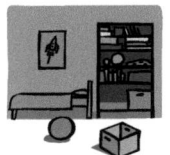

Kinderzimmer

la habitación de los niños

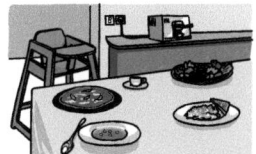

Esszimmer

el comedor

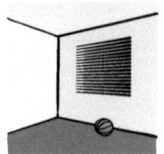

Boden

el suelo

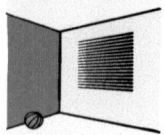

Wand

la pared

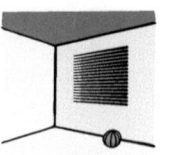

Decke

el techo

Keller

el sótano

Sauna

la sauna

Balkon

el balcón

Terrasse

la terraza

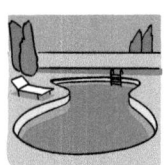

Schwimmbad

la piscina

Rasenmäher

el cortacésped

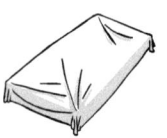

Bettbezug

la sábana

Bettdecke

la colcha

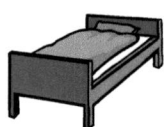

Bett

la cama

Besen

la escoba

Eimer

el balde

Schalter

el interruptor

Wohnzimmer
la sala

Tapete
el papel pintado
Bild
la imagen
Lampe
la lámpara
Regal
el estante
Schrank
el armario
Fernseher
la televisión
Kamin
la chimenea
Blume
la flor
Kissen
el cojín
Sofa
el sofá
Vase
el jarrón
Fernbedienung
el mando a distancia

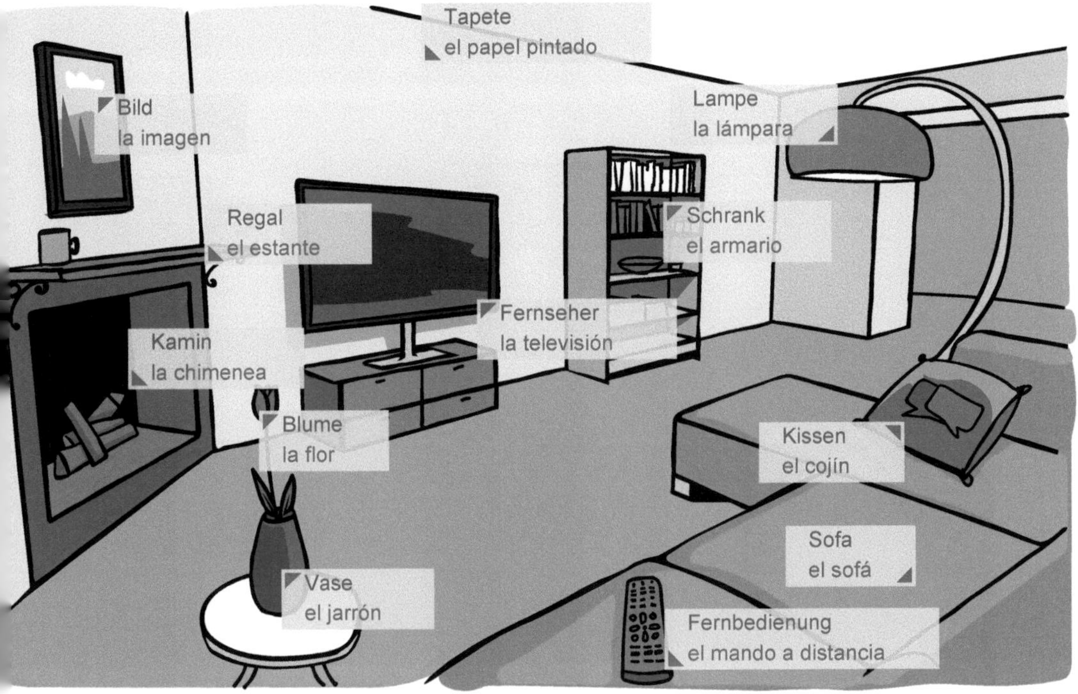

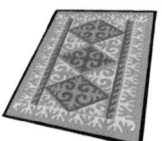

Teppich

la alfombra

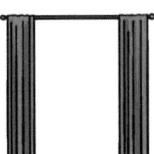

Vorhang

la cortina

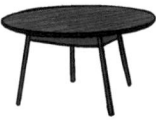

Tisch

la mesa

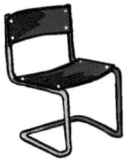

Stuhl

la silla

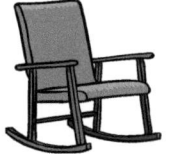

Schaukelstuhl

el mecedora

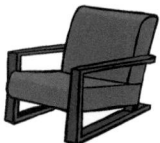

Sessel

la butaca

Buch

el libro

Decke

la manta

Dekoration

la decoración

Feuerholz

la leña

Film

la película

Stereoanlage

el equipo de música

Schlüssel

la llave

Zeitung

el periódico

Gemälde

la pintura

Poster

el póster

Radio

la radio

Notizblock

el cuaderno

Staubsauger

la aspiradora

Kaktus

el cactus

Kerze

la vela

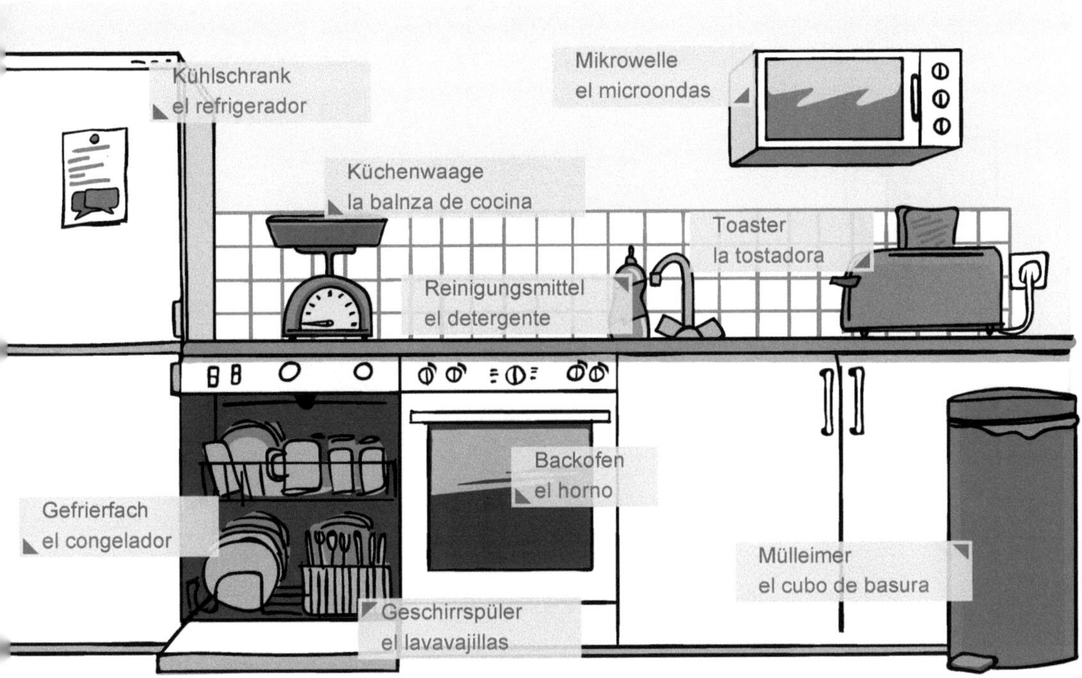

Kühlschrank
el refrigerador

Mikrowelle
el microondas

Küchenwaage
la balnza de cocina

Toaster
la tostadora

Reinigungsmittel
el detergente

Backofen
el horno

Gefrierfach
el congelador

Mülleimer
el cubo de basura

Geschirrspüler
el lavavajillas

Herd

la olla a presión

Topf

la olla

Eisentopf

la olla de hierro fundido

Wok / Kadai

el wok

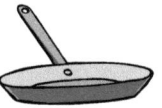

Pfanne

la cazuela

Wasserkocher

el hervidor

Dampfgarer

la vaporera

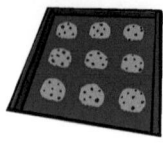

Backblech

la chapa de horno

Geschirr

la vajilla

Becher

la taza

Schale

el tazón

Essstäbchen

los palillos

Suppenkelle

el cucharón

Pfannenwender

la espumadera

Schneebesen

el batidor

Kochsieb

el colador

Sieb

el cedazo

Reibe

el rallador

Mörser

el mortero

Grill

la barbacoa

Feuerstelle

la hoguera

Schneidebrett

la tabla de picar

Nudelholz

el rodillo

Korkenzieher

el sacacorchos

Dose

la lata

Dosenöffner

el abrelatas

Topflappen

el agarrador

Waschbecken

el lavabo

Bürste

el cepillo

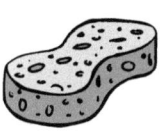

Schwamm

la esponja

Mixer

la batidora

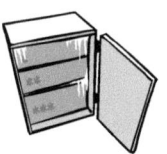

Gefriertruhe

el congelador

Babyflasche

el biberón

Wasserhahn

el grifo

Badezimmer
el cuarto de baño

Heizung
la calefacción
Dusche
la ducha
Handtuch
la toalla
Duschvorhang
la cortina de la ducha
Schaumbad
el baño de espuma
Badewanne
la bañera
Glas
el vaso
Waschmaschine
la lavadora
Wasserhahn
el grifo
Fliesen
las baldosas
Töpfchen
el orinal
Waschbecken
el lavabo

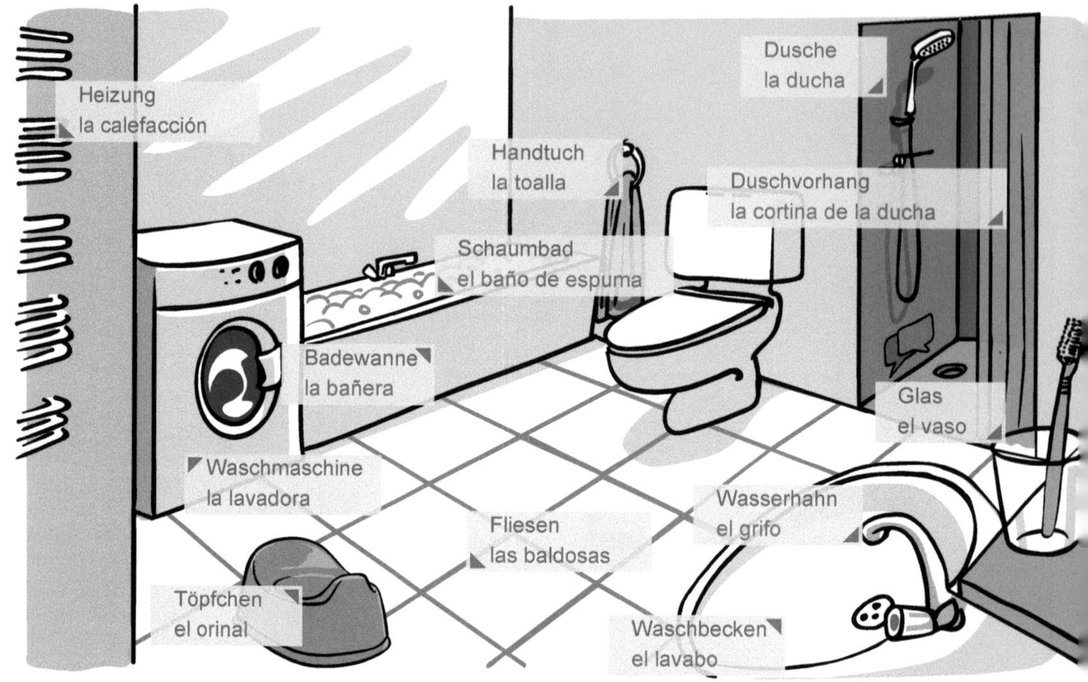

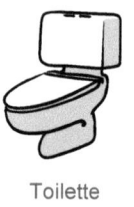

Toilette
el inodoro

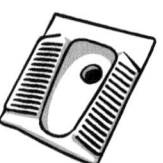

Hocktoilette
el inodoro rústico

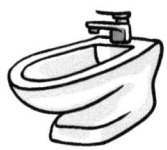

Bidet
el bidé

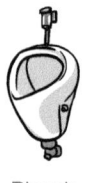

Pissoir
el urinario

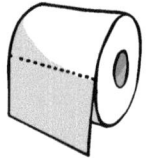

Toilettenpapier
el papel higiénico

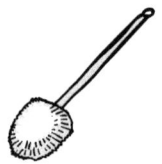

Toilettenbürste
la escobilla del váter

Zahnbürste

el cepillo de dientes

Zahnpasta

la pasta de dientes

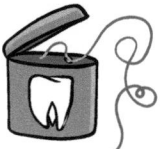

Zahnseide

el hilo dental

waschen

lavar

Handbrause

la ducha de mano

Intimdusche

la ducha íntima

Waschschüssel

la pila

Rückenbürste

el cepillo de espalda

Seife

el jabón

Duschgel

el gel de ducha

Shampoo

el champú

Waschlappen

la toallita

Abfluss

el desagüe

Creme

la crema

Deodorant

el desodorante

Spiegel

el espejo

Kosmetikspiegel

el espejo de tocador

Rasierer

la maquinilla de afeitar

Rasierschaum

la espuma de afeitar

Rasierwasser

la loción postafeitado

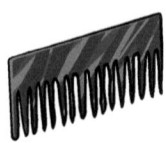

Kamm

el peine

Bürste

el cepillo

Föhn

el secador

Haarspray

la laca

Makeup

el maquillaje

Lippenstift

el pintalabios

Nagellack

el pintauñas

Watte

el algodón

Nagelschere

el cortauñas

Parfum

el perfume

Kulturbeutel

el estuche de viaje

Hocker

la banqueta

Waage

la balanza

Bademantel

el albornoz

Gummihandschuhe

los guantes de goma

Tampon

el tampón

Damenbinde

la compresa

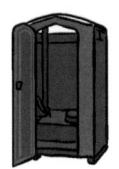

Chemietoilette

el inodoro químico

Kinderzimmer
la habitación de los niños

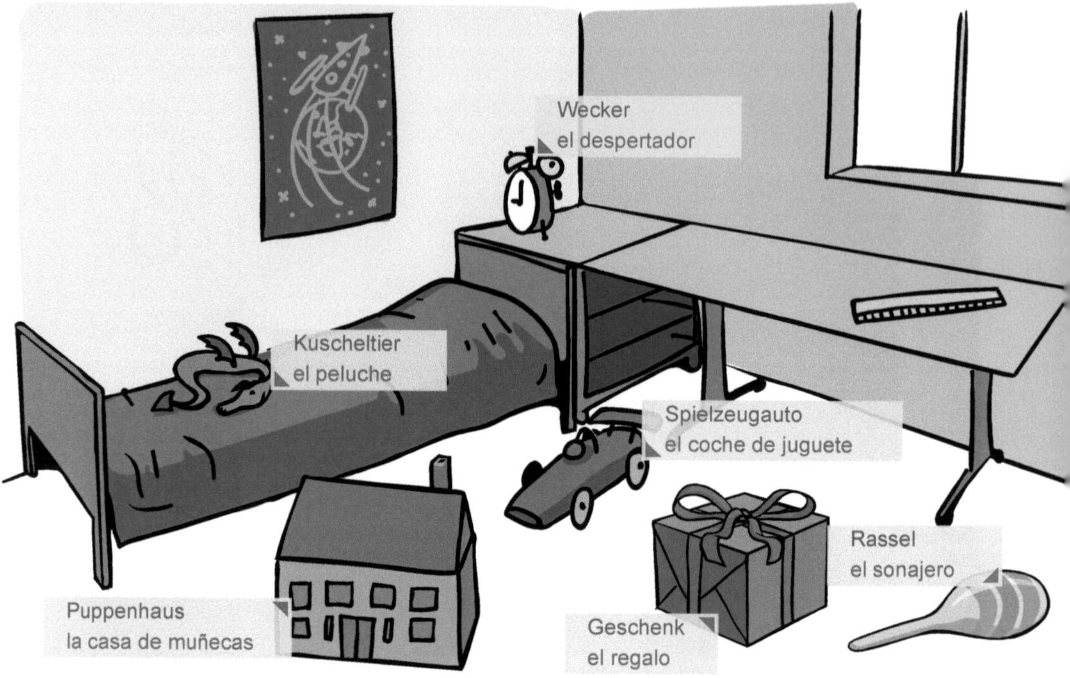

Wecker
el despertador
Kuscheltier
el peluche
Spielzeugauto
el coche de juguete
Rassel
el sonajero
Puppenhaus
la casa de muñecas
Geschenk
el regalo

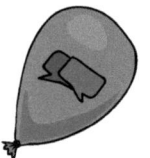

Ballon
el globo

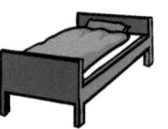

Bett
la cama

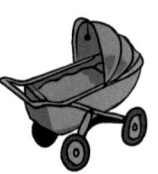

Kinderwagen
el coche de niño

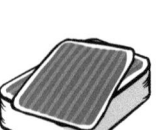

Kartenspiel
los naipes

Puzzle
el puzle

SUPER MEGA

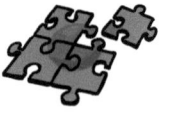

Comic
el tebeo

Legosteine

las piezas de lego

Bausteine

los bloques de juguete

Action Figur

la figura de acción

Strampelanzug

el bodi (de bebé)

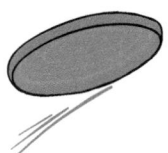

Frisbee

el frisbee

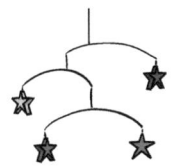

Mobile

el colgador móvil para bebés

Brettspiel

el juego de mesa

Würfel

los dados

Modelleisenbahn

el circuito de tren eléctrico

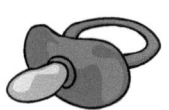

Schnuller

el maniquí

Party

la fiesta

Bilderbuch

el álbum de fotos

Ball

la pelota

Puppe

la muñeca

spielen

jugar

Sandkasten

el cajón de arena

Schaukel

el columpio

Spielzeug

los juguetes

Spielkonsole

la videoconsola

Dreirad

el triciclo

Teddy

el oso de peluche

Kleiderschrank

la guardarropa

Kleidung

la ropa

Socken

los calcetines

Strümpfe

las medias

Strumpfhose

los leotardos

Schal
la bufanda

Regenschirm
el paraguas

Gürtel
el cinturón

T-Shirt
la camiseta

Turnschuhe
las deportivas

Stiefel
las botas

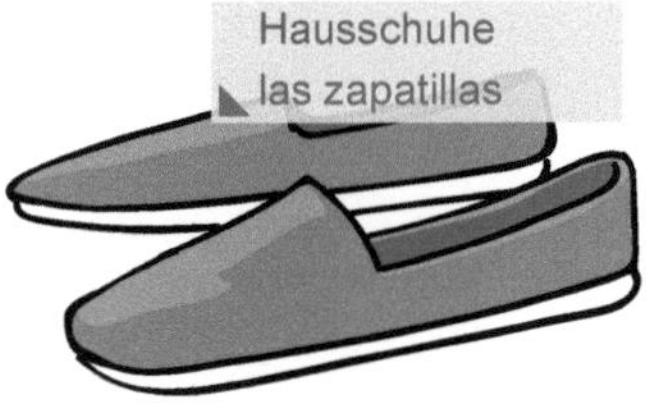

Hausschuhe
las zapatillas

Sandalen
....
las sandalias

Schuhe
....
los zapatos

Gummistiefel
....
las botas de goma

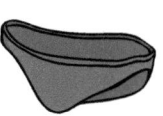

Unterhose
....
el slip

Büstenhalter
....
el sostén

Unterhemd
....
el chaleco

Body

el bodi

Hose

los pantalones cortos

Jeans

los vaqueros

Rock

la falda

Bluse

la blusa

Hemd

la camisa

Pullover

el jersey

Kapuzenpullover

el suéter

Blazer

el blazer

Jacke

la chaqueta

Mantel

el abrigo

Regenmantel

la gabardina

Kostüm

el traje

Kleid

el vestido

Hochzeitskleid

el vestido de novia

Anzug

el traje

Nachthemd

el camisón

Schlafanzug

el pijama

Sari

el sati

Kopftuch

el bandana

Turban

el turbante

Burka

la burka

Kaftan

el caftán

Abaya

la abaya

Badeanzug

el traje de baño

Badehose

el bañador

Kurze Hose

los pantalones cortos

Trainingsanzug

el chándal

Schürze

el delantal

Handschuhe

los guantes

Knopf

el botón

Brille

las gafas

Armband

el brazalete

Halskette

el collar

Ring

el anillo

Ohrring

el pendiente

Mütze

la gorra

Kleiderbügel

la percha

Hut

el sombrero

Krawatte

la corbata

Reißverschluss

la cremallera

Helm

el casco

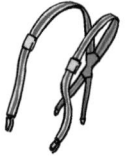

Hosenträger

los tirantes

Schuluniform

el uniforme

Uniform

el uniforme

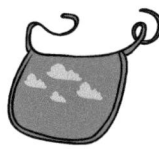

Lätzchen
....
el babero

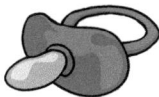

Schnuller
....
el maniquí

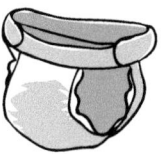

Windel
....
el pañal

Büro
la oficina

Server
el servidor
Aktenschrank
el archivo
Drucker
la impresora
Papier
el papel
Monitor
el monitor
Maus
el ratón
Schreibtisch
el escritoria
Ordner
la carpeta
Tastatur
el teclado
Papierkorb
la papelera
Computer
el ordenador
Stuhl
la silla

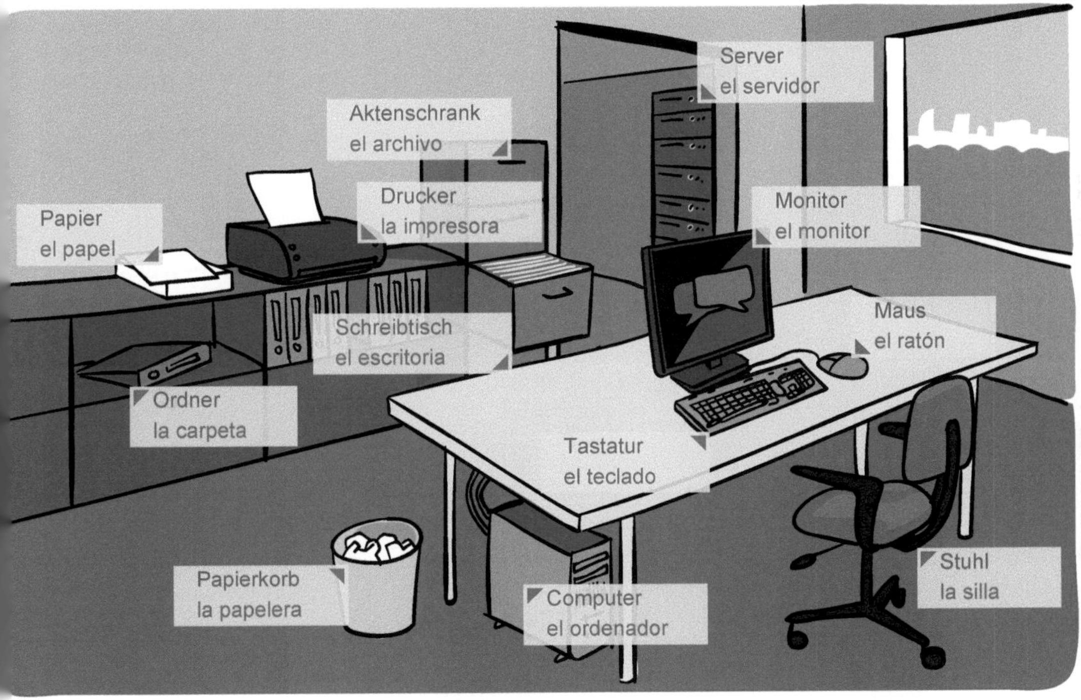

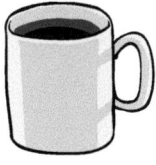

Kaffeebecher
....
la taza de café

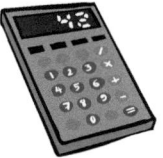

Taschenrechner
....
la calculadora

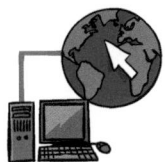

Internet
....
el internet

Laptop

el portátil

Brief

la carta

Nachricht

el mensaje

Handy

el móvil

Netzwerk

la red

Kopierer

la fotocopiadora

Software

el software

Telefon

el teléfono

Steckdose

la toma de corriente

Fax

el fax

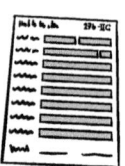

Formular

el formulario

Dokument

el documento

kaufen

comprar

bezahlen

pagar

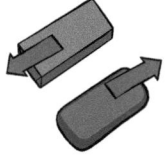

handeln

comerciar

Geld

el dinero

Dollar

el dólar

Euro

el euro

Yen

el yen

Rubel

el rublo

Franken

el franco suizo

Renminbi Yuan

el renminbi yuan

Rupie

la rupia

Geldautomat

el cajero automático

Wechselstube

la oficina de cambio de divisas

Gold

el oro

Silber

la plata

Öl

el petróleo

Energie

la energía

Preis

el precio

Vertrag

el contrato

Steuer

el impuesto

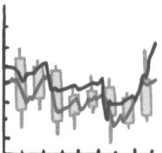

Aktie

la acción

arbeiten

trabajar

Angestellter

el empleador

Arbeitgeber

el empleador

Fabrik

la fábrica

Geschäft

la tienda de campaña

Berufe
los oficios

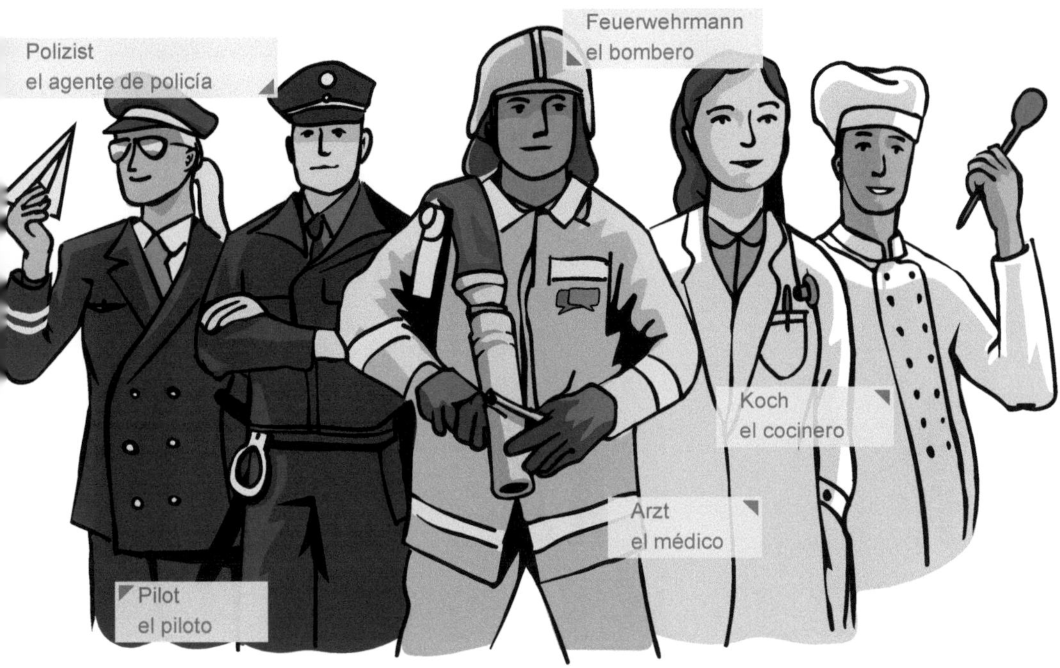

Polizist
el agente de policía
Feuerwehrmann
el bombero
Koch
el cocinero
Arzt
el médico
Pilot
el piloto

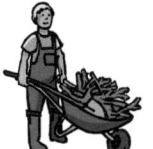

Gärtner

el jardinero

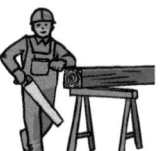

Tischler

el carpintero

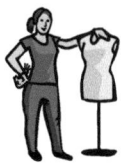

Näherin

la costurera

Richter

el juez

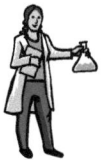

Chemiker

el farmacéutico

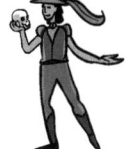

Schauspieler

el actor

Busfahrer

el conductor de autobús

Taxifahrer

el taxista

Fischer

el pescador

Putzfrau

la señora de la limpieza

Dachdecker

el techador

Kellner

el camarero

Jäger

el cazador

Maler

el pintor

Bäcker

el panadero

Elektriker

el electricista

Bauarbeiter

el obrero

Ingenieur

el ingeniero

Schlachter

el carnicero

Klempner

el fontanero

Postbote

el cartero

Soldat

el soldado

Architekt

el arquitecto

Kassierer

el cajero

Florist

el florista

Friseur

el peluquero

Schaffner

el revisor

Mechaniker

el mecánico

Kapitän

el capitán

Zahnarzt

el dentista

Wissenschaftler

el científico

Rabbi

el rabino

Imam

el imán

Mönch

el monje

Geistlicher

el sacerdote

Werkzeuge
las herramientas

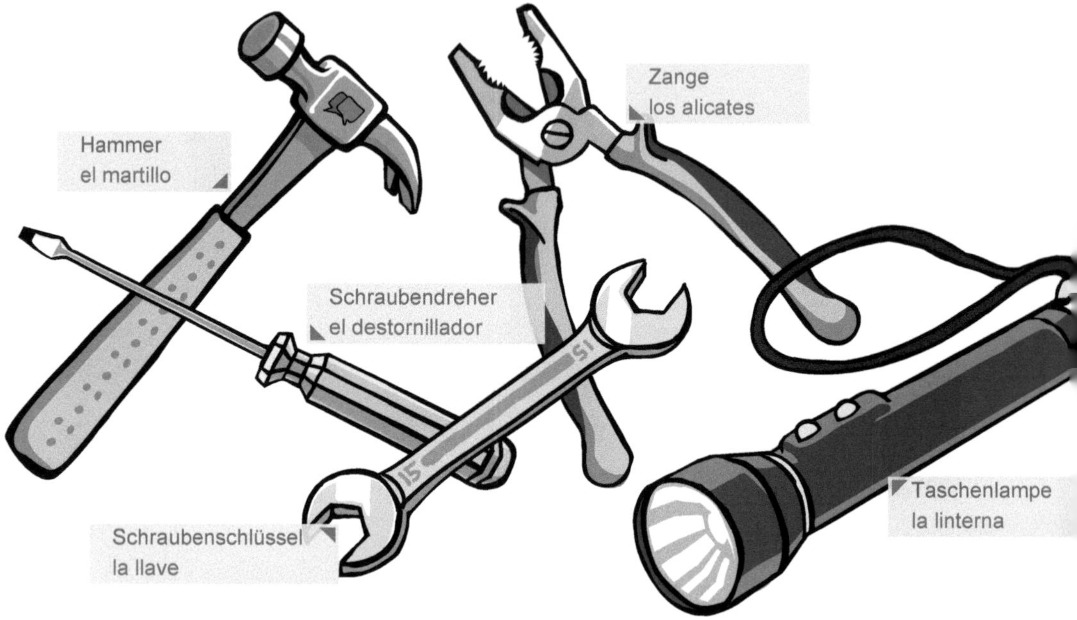

Hammer
el martillo

Zange
los alicates

Schraubendreher
el destornillador

Schraubenschlüssel
la llave

Taschenlampe
la linterna

Bagger

la excavadora

Werkzeugkasten

la caja de herramientas

Leiter

la escalera de mano

Säge

la sierra

Nägel

los clavos

Bohrer

el taladro

reparieren
....
reparar

Schaufel
....
la pala

Mist!
....
¡Maldita sea!

Kehrblech
....
el recogedor

Farbtopf
....
el bote de pintura

Schrauben
....
los tornillos

Musikinstrumente
los instrumentos musicales

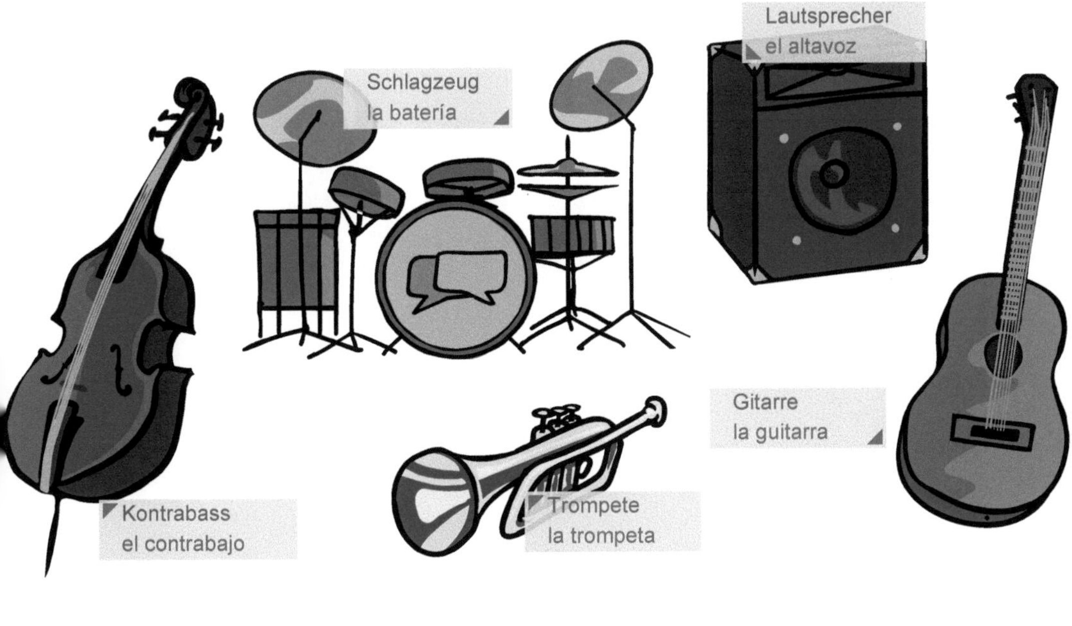

Schlagzeug
la batería

Lautsprecher
el altavoz

Gitarre
la guitarra

Kontrabass
el contrabajo

Trompete
la trompeta

Klavier

el piano

Violine

el violín

Bass

bajo

Pauke

los timbales

Trommeln

el tambor

Keyboard

el teclado

Saxophon

el saxofón

Flöte

la flauta

Mikrofon

el micrófono

Zoo

el zoo

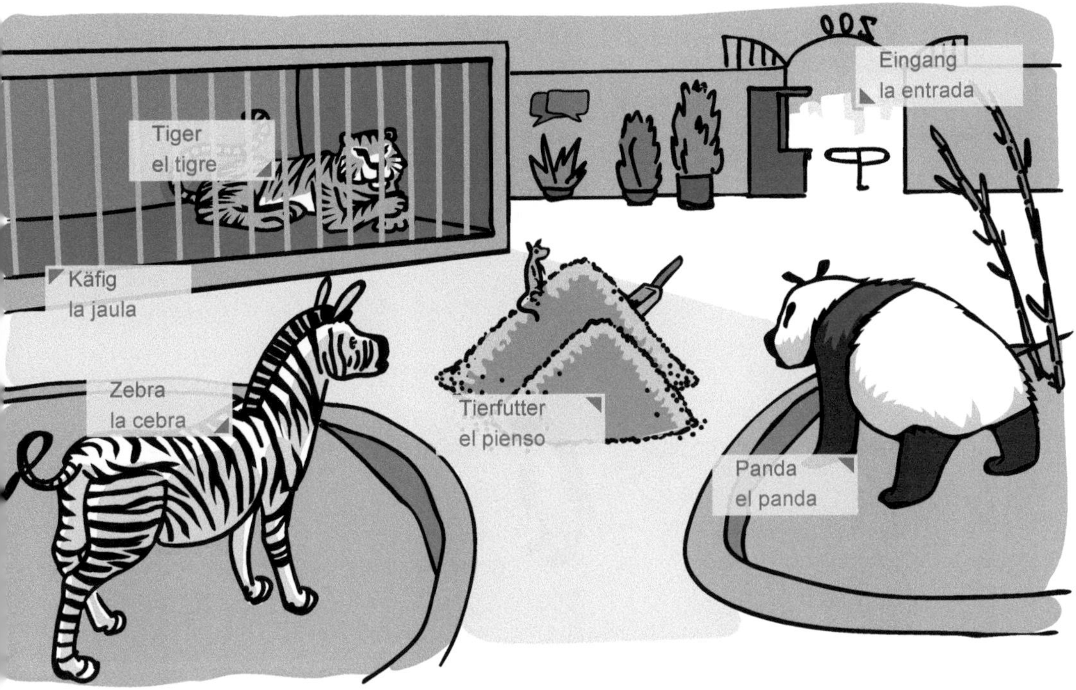
Eingang
la entrada
Tiger
el tigre
Käfig
la jaula
Zebra
la cebra
Tierfutter
el pienso
Panda
el panda

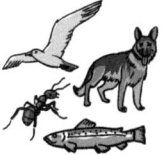

Tiere

los animales

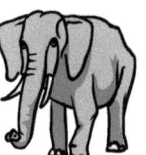

Elefant

el elefante

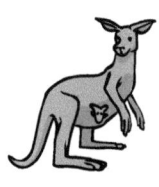

Känguru

el canguro

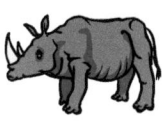

Nashorn

el rinoceronte

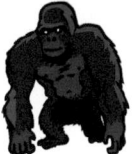

Gorilla

el gorila

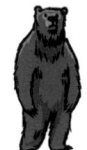

Bär

el oso

Kamel

el camello

Strauß

el avestruz

Löwe

el león

Affe

el mono

Flamingo

el flamingo

Papagei

el loro

Eisbär

el oso polar

Pinguin

el pingüino

Hai

el tiburón

Pfau

el pavo real

Schlange

la serpiente

Krokodil

el cocodrilo

Zoowärter

el guardián de zoológico

Robbe

la foca

Jaguar

el jaguar

Pony

el poni

Leopard

el leopardo

Nilpferd

el hipopótamo

Giraffe

la jirafa

Adler

el águila

Wildschwein

el jabalí

Fisch

el pescado

Schildkröte

la tortuga

Walross

la morsa

Fuchs

el zorro

Gazelle

la gacela

American Football
el fútbol americano

Radfahren
el ciclismo

Tennis
el tenis

Basketball
el baloncesto

Schwimmen
la natación

Boxen
el boxeo

Eishockey
el hockey sobre hielo

Fußball
el fútbol

Badminton
el bádminton

Leichtathletik
el atletismo

Handball
el balonmano

Skilaufen
el esquí

Polo
el polo

Aktivitäten
las actividades

springen
saltar
umarmen
abrazar
lachen
reír
gehen
caminar
singen
cantar
träumen
soñar
beten
rezar
küssen
besar

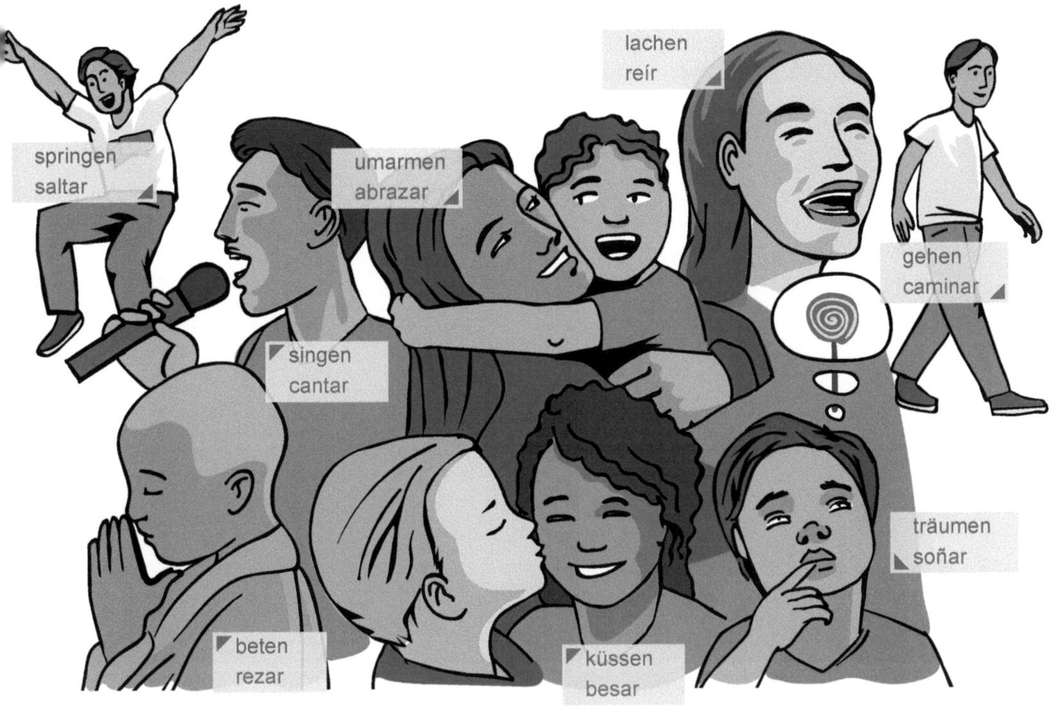

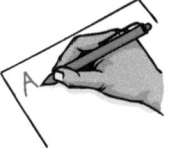

schreiben

escribir

zeichnen

dibujar

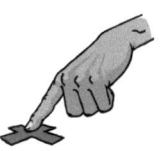

zeigen

mostrar

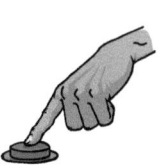

drücken

empujar

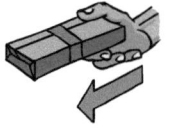

geben

dar

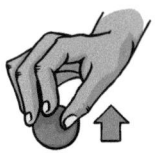

nehmen

tomar

haben

tener

tun

hacer

sein

ser

stehen

estar de pie

laufen

correr

ziehen

tirar

werfen

tirar

fallen

caer

liegen

yacer

warten

esperar

tragen

llevar

sitzen

estar sentado

anziehen

vestirse

schlafen

dormir

aufwachen

despertar

ansehen

mirar

weinen

llorar

streicheln

acariciar

kämmen

peinar

reden

hablar

verstehen

entender

fragen

preguntar

hören

escuchar

trinken

beber

essen

comer

aufräumen

ordenar

lieben

amar

kochen

cocinar

fahren

conducir

fliegen

volar

segeln

navegar

rechnen

calcular

lesen

leer

lernen

aprender

arbeiten

trabajar

heiraten

casarse

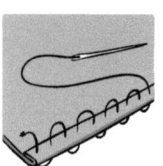

nähen

coser

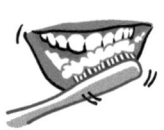

Zähne putzen

cepillarse los dientes

töten

matar

rauchen

fumar

senden

enviar

Familie
la familia

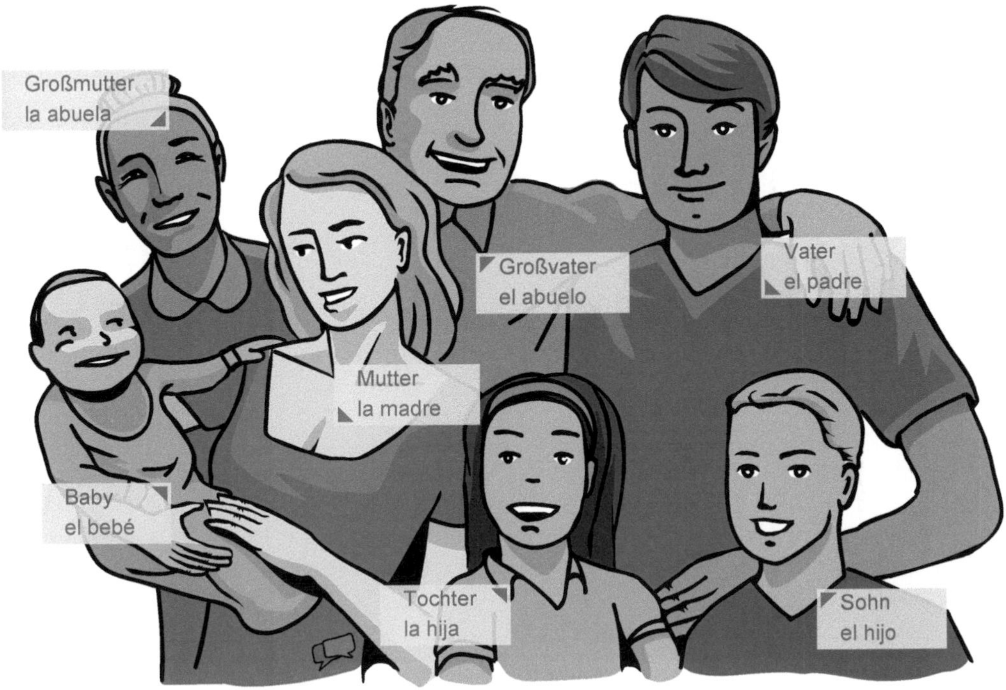

Großmutter
la abuela
Großvater
el abuelo
Vater
el padre
Mutter
la madre
Baby
el bebé
Tochter
la hija
Sohn
el hijo

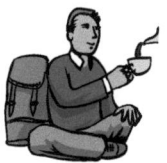

Gast

el invitado

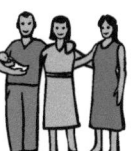

Tante

la tía

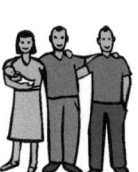

Onkel

el tío

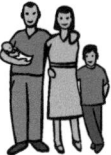

Bruder

el hermano

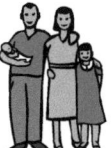

Schwester

la hermana

Körper
el cuerpo

Stirn
la frente
Auge
el ojo
Schulter
el hombro
Finger
el dedo
Gesicht
la cara
Kinn
la barbilla
Hand
la mano
Bein
la pierna
Brust
el pecho
Arm
el brazo

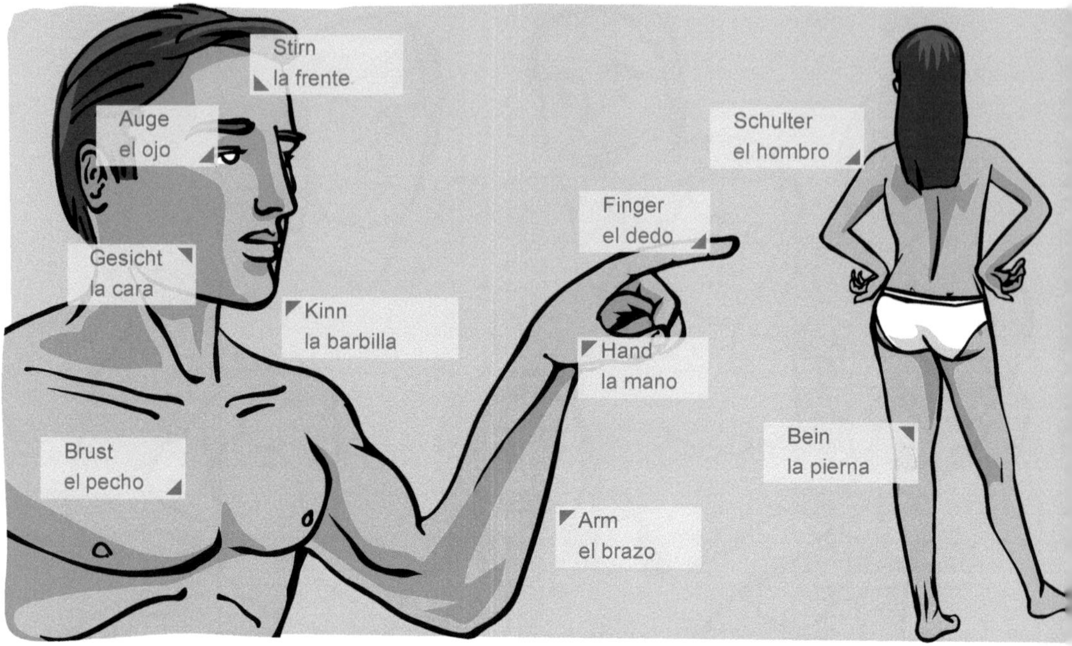

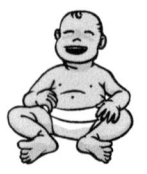

Baby

el bebé

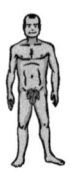

Mann

el hombre

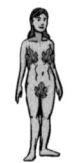

Frau

la mujer

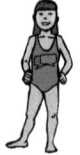

Mädchen

la chica

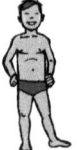

Junge

el chico

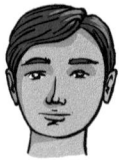

Kopf

la cabeza

Rücken

la espalda

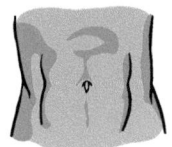

Bauch

el vientre

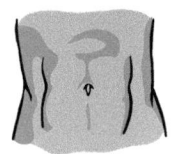

Nabel

el ombligo

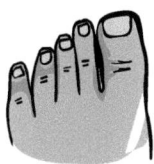

Zeh

el dedo del pie

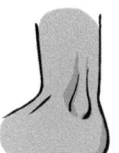

Ferse

el talón

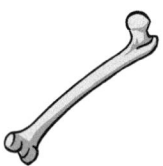

Knochen

el hueso

Hüfte

la cadera

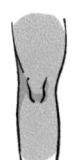

Knie

la rodilla

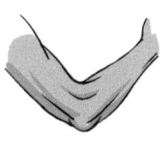

Ellenbogen

el codo

Nase

la nariz

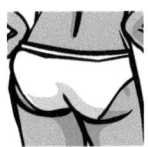

Gesäß

el trasero

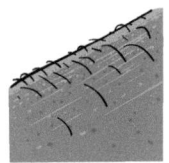

Haut

la piel

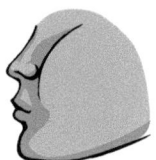

Wange

la mejilla

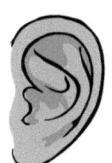

Ohr

el oído

Lippe

el labio

Mund

la boca

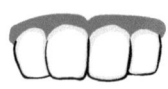

Zahn

el diente

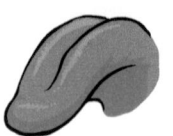

Zunge

la lengua

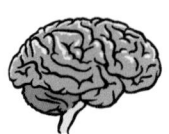

Gehirn

el cerebro

Herz

el corazón

Muskel

el músculo

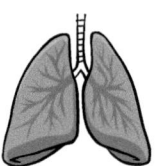

Lunge

el pulmón

Leber

el hígado

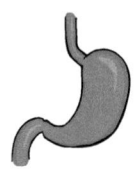

Magen

el estómago

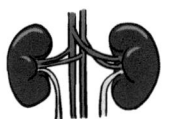

Nieren

los riñones

Geschlechtsverkehr

el sexo

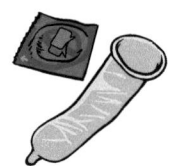

Kondom

el condón

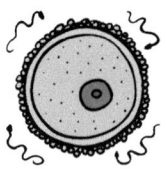

Eizelle

el ovario

Sperma

el semen

Schwangerschaft

el embarazo

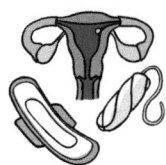

Menstruation

la menstruación

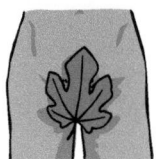

Vagina

la vagina

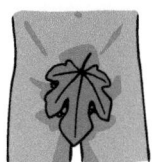

Penis

el pene

Augenbraue

la ceja

Haar

el pelo

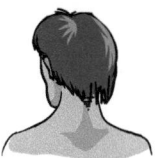

Hals

el cuello

Krankenhaus
el hospital

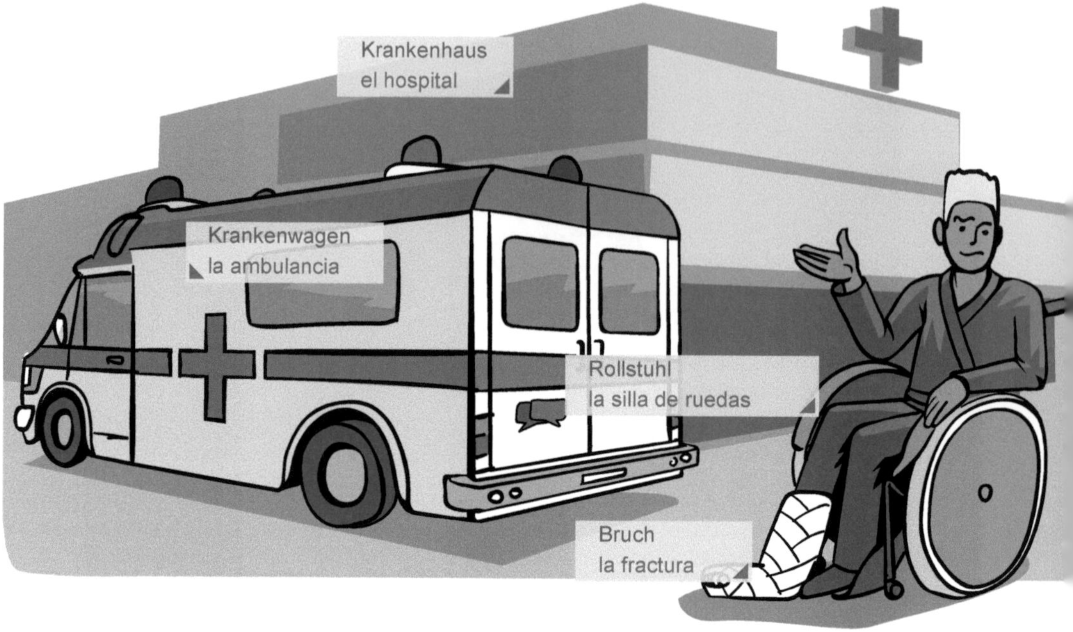

Krankenhaus
el hospital
Krankenwagen
la ambulancia
Rollstuhl
la silla de ruedas
Bruch
la fractura

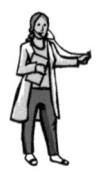

Arzt
el médico

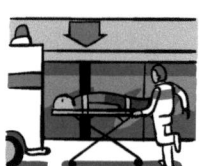

Notaufnahme
la sala de urgencias

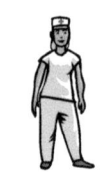

Krankenschwester
la enfermera

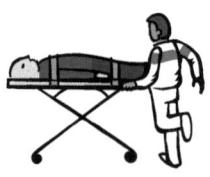

Notfall
la urgencia

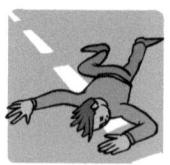

ohnmächtig
inconsciente

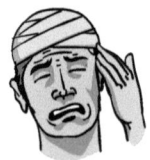

Schmerz
el dolor

Verletzung

la lesión

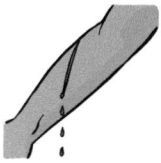

Blutung

la hemorragia

Herzinfarkt

el infarto

Schlaganfall

el ictus

Allergie

la alergia

Husten

la tos

Fieber

la fiebre

Grippe

la gripe

Durchfall

la diarrea

Kopfschmerzen

el dolor de cabeza

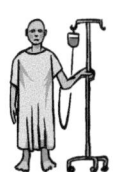

Krebs

el cáncer

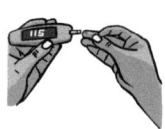

Diabetis

la diabetes

Chirurg

el cirujano

Skalpell

el bisturí

Operation

la operación

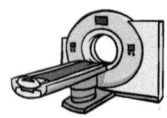

CT
TAC

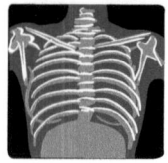

Röntgen
los rayos x

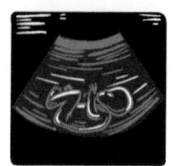

Ultraschall
el ultrasonido

Maske
la mascarilla

Krankheit
la enfermedad

Wartezimmer
la sala de espera

Krücke
la muleta

Pflaster
la tirita

Verband
la venda

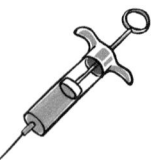

Injektion
la inyección

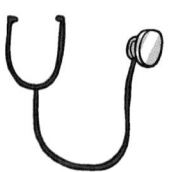

Stethoskop
el estetoscopio

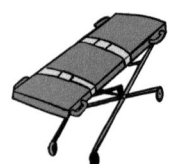

Trage
la camilla

Thermometer
el termómetro

Geburt
el nacimiento

Übergewicht
el sobrepeso

Hörgerät

el audífono

Desinfektionsmittel

el desinfectante

Infektion

la infección

Virus

el virus

HIV / AIDS

VIH / SIDA

Medizin

la medicina

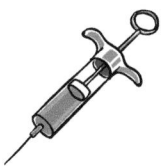

Impfung

la vacunación

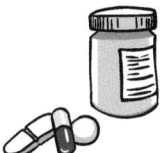

Tabletten

las tabletas

Pille

la pastilla

Notruf

la llamada de urgencia

Blutdruck-Messgerät

el tensiómetro

krank / gesund

enfermo / sano

Hilfe!

¡Socorro!

Alarm

la alarma

Überfall

el asalto

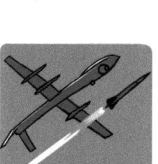

Angriff

el ataque

Gefahr

el peligro

Notausgang

la salida de emergencia

Feuer!

¡Fuego!

Feuerlöscher

el extintor de incendios

Unfall

el accidente

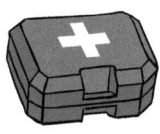

Erste-Hilfe-Koffer

el botiquín de primeros auxilios

SOS

SOS

Polizei

la policía

Europa

Europa

Nordamerika

Norteamérica

Südamerika

Sudamérica

Afrika

África

Asien

Asia

Australien

Australia

Atlantik

el atlántico

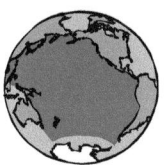

Pazifik

el Pacífico

Indischer Ozean

el Océano Índico

Antarktischer Ozean

el Océano Antártico

Arktischer Ozean

el Océano Ártico

Nordpol

el polo norte

Südpol

el polo sur

Antarktis

La Antártida

Erde

la tierra

Land

la tierra

Meer

el mar

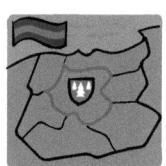

Insel

la isla

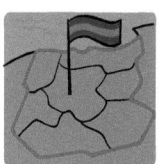

Nation

la nación

Staat

el estado

Zifferblatt

la esfera

Stundenzeiger

la manecilla de las horas

Minutenzeiger

el minutero

Sekundenzeiger

el segundero

Wie spät ist es?

¿Qué hora es?

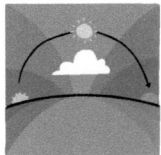

Tag

el día

Zeit

el tiempo

jetzt

ahora

Digitaluhr

el reloj digital

Minute

el minuto

Stunde

la hora

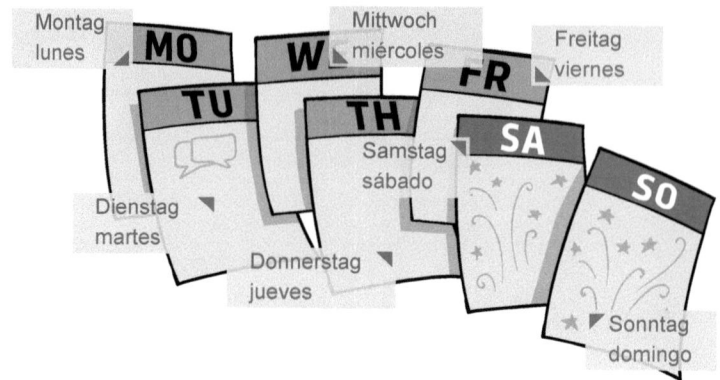

Montag
lunes

Mittwoch
miércoles

Freitag
viernes

Dienstag
martes

Donnerstag
jueves

Samstag
sábado

Sonntag
domingo

gestern

ayer

heute

hoy

morgen

mañana

Morgen

la mañana

Mittag

el mediodía

Abend

la tarde

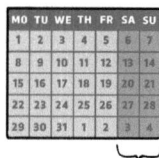

Arbeitstage

los días laborables

Wochenende

el fin de semana

Jahr
el año

Regen
la lluvia
Regenbogen
el arcoíris
Schnee
la nieve
Wind
el viento
Frühling
la primavera
Herbst
el otoño
Sommer
el verano
Winter
el invierno

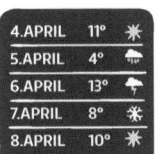

4.APRIL 11°
5.APRIL 4°
6.APRIL 13°
7.APRIL 8°
8.APRIL 10°

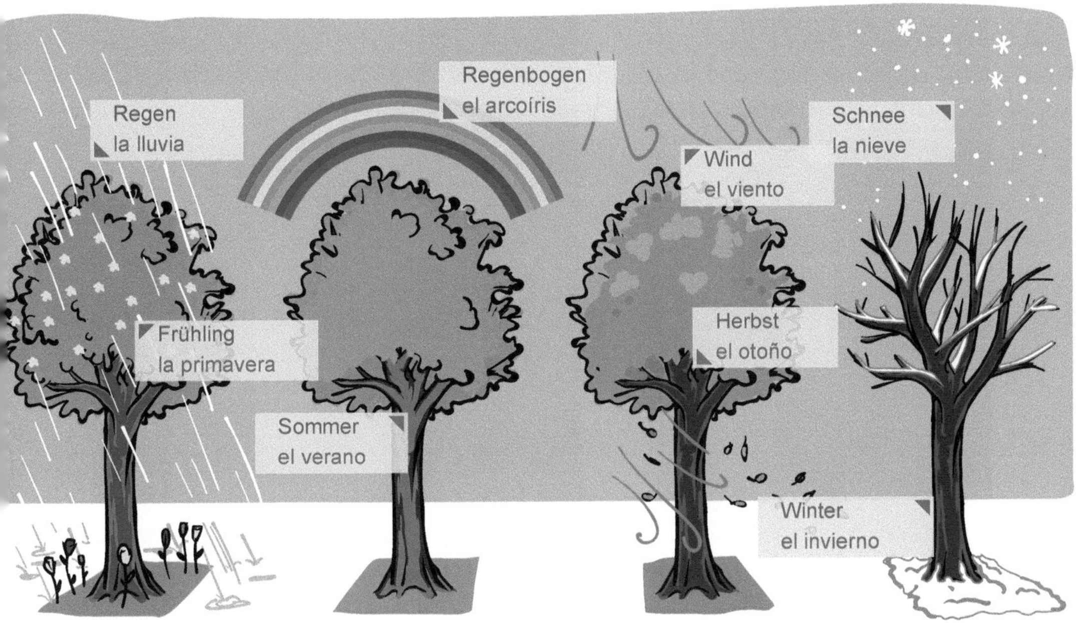

Wettervorhersage

el pronóstico del tiempo

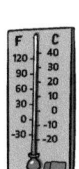

F C
120 40
90 30
60 20
30 10
0 0
-30 -10
-20

Thermometer

el termómetro

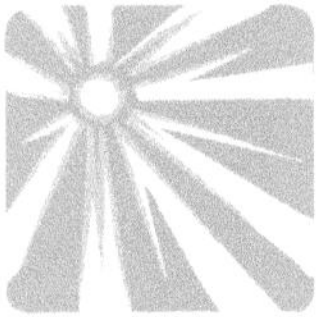

Sonnenschein

el sol

Wolke

la nube

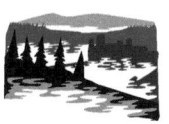

Nebel

la niebla

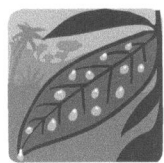

Luftfeuchtigkeit

la humedad

Blitz

el rayo

Donner

el trueno

Sturm

la tormenta

Hagel

el granizo

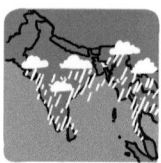

Monsun

el monzón

Flut

la inundación

Eis

el hielo

Januar

enero

Februar

febrero

März

marzo

April

abril

Mai

mayo

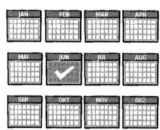

Juni

junio

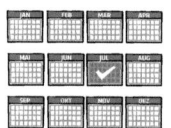

Juli

julio

August

agosto

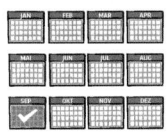

September
....
septiembre

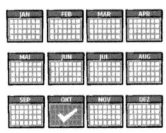

Oktober
....
octubre

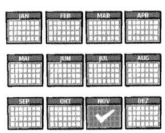

November
....
noviembre

Dezember
....
diciembre

Formen

las formas

Kreis
....
el círculo

Quadrat
....
el cuadrado

Rechteck
....
el rectángulo

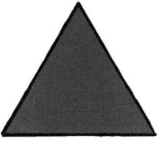

Dreieck
....
el triángulo

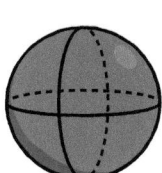

Kugel
....
la esfera

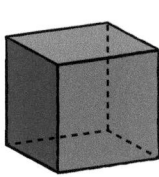

Würfel
....
el cubo

weiß

blanco

gelb

amarillo

orange

anaranjado

pink

rosa

rot

rojo

lila

morado

blau

azul

grün

verde

braun

marrón

grau

gris

schwarz

negro

viel / wenig

mucho / poco

wütend / friedlich

enojado / tranquilo

hübsch / hässlich

bonito / feo

Anfang / Ende

principio / fin

groß / klein

grande / pequeño

hell / dunkel

claro / oscuro

Bruder / Schwester

el hermano / la hermana

sauber / schmutzig

limpio / sucio

vollständig / unvollständig

completo / incompleto

Tag / Nacht

el día / la noche

tot / lebendig

muerto / vivo

breit / schmal

ancho / estrecho

genießbar / ungenießbar

comestible / no comestible

böse / freundlich

malo / amable

aufgeregt / gelangweilt

entusiasmado / aburrido

dick / dünn

gordo / delgado

zuerst / zuletzt

primero / último

Freund / Feind

el amigo / el enemigo

voll / leer

lleno / vacío

hart / weich

duro / blando

schwer / leicht

pesado / ligero

Hunger / Durst

el hambre / la sed

krank / gesund

enfermo / sano

illegal / legal

ilegal / legal

intelligent / dumm

inteligente / tonto

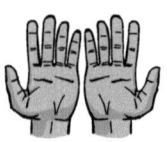

links / rechts

izquierda / derecha

nah / fern

cerca / lejos

neu / gebraucht

nuevo / usado

nichts / etwas

nada / algo

alt / jung

viejo / joven

an / aus

encendido / apagado

offen / geschlossen

abierto / cerrado

leise / laut

silencioso / ruidoso

reich / arm

rico / pobre

richtig / falsch

correcto / incorrecto

rau / glatt

áspero / suave

traurig / glücklich

triste / contento

kurz / lang

corto / largo

langsam / schnell

lento / rápido

nass / trocken

húmedo / seco

warm / kühl

cálido / frío

Krieg / Frieden

guerra / paz

Gegenteile - los opuestos

0

null

cero

1

eins

uno

2

zwei

dos

3

drei

tres

4

vier

cuatro

5

fünf

cinco

6

sechs

seis

7

sieben

siete

8

acht

ocho

9

neun

nueve

10

zehn

diez

11

elf

once

12

zwölf

doce

13

dreizehn

trece

14

vierzehn

catorce

15

fünfzehn

quince

16

sechzehn

dieciséis

17

siebzehn

diecisiete

18

achtzehn

dieciocho

19

neunzehn

diecinueve

20

zwanzig

veinte

100

hundert

cien

1.000

tausend

mil

1.000.000

million

el millón

Sprachen
los idiomas

Englisch

el inglés

Amerikanisches Englisch

el inglés americano

Chinesisch Mandarin

el chino madarín

Hindi

el hindi

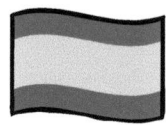

Spanisch

el español

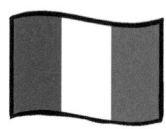

Französisch

el francés

Arabisch

el árabe

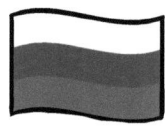

Russisch

el ruso

Portugiesisch

el portugués

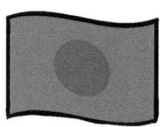

Bengalisch

el bengalí

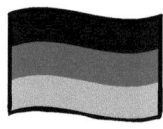

Deutsch

el alemán

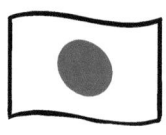

Japanisch

el japonés

ich
yo

du
tú

er / sie / es
él / ella / ello

wir
nosotros/as

ihr
vosotros/as

sie
ellos/as

wer?
¿quién?

was?
¿qué?

wie?
¿cómo?

wo?
¿dónde?

wann?
¿cuándo?

Name
el nombre

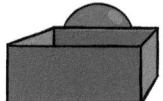

hinter

detrás

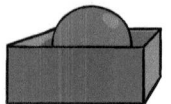

in

en

vor

delante de

über

por encima de

auf

sobre

unter

debajo de

neben

junto a

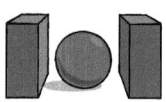

zwischen

entre

Ort

el lugar